I0840763